LOIS USUELLES

ET

USAGES LOCAUX

DANS

L'ARRONDISSEMENT DE SAINT-OMER

—

SAINT-OMER
IMP. ET LITH. H. D'HOMONT, RUE DES TRIBUNAUX, 4.
—
1879

LOIS USUELLES

ET

USAGES LOCAUX

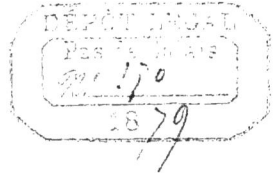

DANS

L'ARRONDISSEMENT DE SAINT-OMER

———

SAINT-OMER
IMP. ET LITH. H. D'HOMONT, RUE DES TRIBUNAUX, 4.
—
1879

LOIS USUELLES

ET

USAGES LOCAUX

DANS L'ARRONDISSEMENT DE SAINT-OMER

———————

Parmi les communes qui composent aujourd'hui l'arrondissement de Saint-Omer, trente-deux étaient soumises autrefois au régime de coutumes locales spéciales au ressort de leur baillage, châtellenie, prévôté, régale ou chapitre. Ces coutumes étaient plus ou moins différentes les unes des autres ; leurs textes écrits ont presque tous subsisté : d'autres communes dépendantes de baillages isolés de l'arrondissement en subissaient les coutumes.

La promulgation des divers chapitres du Code civil, a successivement aboli l'application des coutumes locales, dont les textes sont aujourd'hui des lettres mortes. Toutefois le Code civil, dans certains cas particuliers, admet l'application des anciens usages locaux. L'administration départementale a établi en 1855 des commissions cantonales chargées de réunir et de résumer ceux des usages locaux qui paraissaient avoir survécu à la promulgation du Code civil.

Nous avons puisé dans les procès-verbaux de ces commissions le résumé des usages locaux obligatoires dans l'arrondissement, c'est-à-dire des usages reconnus par le Code. Il est une série d'anciens usages locaux qui sont encore observés dans certaines localités, bien que contraires aux stipulations du Code civil. Nous n'en parlerons point, parce que leur observation provient d'un accord volontaire des parties, qui peuvent se soustraire à leur action.

Enfin il est une série d'anciens usages locaux qu'aucune loi n'a ni autorisés, ni prévus, et dont la valeur potestative subsiste et fait loi.

Gestion de l'usufruitier.

ART. 590. — *Si l'usufruit comprend des bois-taillis, l'usufruitier est tenu d'observer l'ordre et la quotité des coupes, conformément à l'aménagement ou à l'usage constant des propriétaires......*

Il s'agit ici des usages personnels à chaque propriétaire de bois. Il n'y a donc pas lieu de rechercher les usages locaux. Pour l'aménagement en baliveaux, la réserve par coupe d'un hectare varie suivant la localité de 150 à 200.

ART. 590 (suite). — *Les arbres qu'on peut tirer d'une pépinière sans la dégrader, ne font aussi partie de l'usufruit qu'à la charge par l'usufruitier de se conformer aux usages des lieux pour le remplacement.*

Tout plan vendu doit être remplacé dans l'année. Les plans d'arbres forestiers peuvent être vendus quand ils ont atteint vingt centimètres de circonférence.

Dans le CANTON D'ARDRES, on s'est contenté d'estimer la dépréciation ou la plus-value de la pépinière à la fin de la gestion de l'usufruitier.

ART. 593. — *Il (l'usufruitier) peut prendre dans les bois les échalas pour les vignes; il peut aussi prendre sur les arbres des produits annuels ou périodiques, le tout suivant l'usage du pays ou la coutume des propriétaires.*

L'usufruitier est soumis à l'obligation de faire les élagages des arbres et émondages des haies : il a droit aux coupilles qui en proviennent ainsi qu'aux branches des têtards. L'élagage des arbres doit être répété tous les cinq ou six ans pour les bois tendres et tous les neuf ou douze ans pour les bois durs.

Dans la plus grande partie du Pas-de-Calais, il est d'usage que les oseraies ne soient point coupées avant un an, et les bois de cercle avant cinq ans.

— Les têtards de saules peuvent être coupés tous les cinq ans. — Dans les faubourgs de LYSEL ET DU HAUT-PONT, ils peuvent être coupés tous les deux ans.

Les haies doivent être tondues tous les cinq ans, sauf dans

le canton de FAUQUEMBERGUES, où le délai est de neuf ans pour les haies en bois dur ou d'épines.

L'usufruitier profite des arbres fruitiers qui sont morts, mais il doit les remplacer. Il doit faire constater par le propriétaire la mort ou la destruction par force majeure des arbres forestiers avant leur enlèvement.

Des servitudes, drainage, flottage.

ART. 640. — *Les fonds inférieurs sont assujettis envers ceux qui sont plus élevés à recevoir les eaux qui en découlent naturellement, sans que la main de l'homme y ait contribué. — Le propriétaire inférieur ne peut point élever de digue qui empêche cet écoulement. Le propriétaire supérieur ne peut rien faire qui aggrave la servitude du fond inférieur.*

L'usage prescrit pourtant de tracer dans un champ des sillons destinés à faciliter l'écoulement des eaux. Mais le propriétaire de ce champ est tenu de faire aboutir ces sillons à un sillon transversal, placé à deux mètres de la lisière du champ inférieur. Ce dernier sillon doit être terminé par une courbe qui arrête l'écoulement trop rapide de l'eau qu'il reçoit.

La loi du 10 juin 1854 modifie l'article 640 :

ART. 1er. — *Tout propriétaire qui veut assainir son fond par le drainage ou un autre mode d'assainissement peut, moyennant une juste et préalable indemnité, en conduire les eaux souterrainement ou à ciel ouvert à travers les propriétés qui séparent ce fond d'un cours d'eau ou de tout autre voie d'écoulement. Sont exempts de cette servitude les maisons, cours, jardins, parcs et enclos attenant aux habitations.*

ART. 2. — *Les propriétaires de fonds voisins ou traversés ont la faculté de se servir des travaux faits en vertu de l'article précédent, pour l'écoulement des eaux de leurs fonds. Ils supportent dans ce cas : 1° une part proportionnelle dans la valeur des travaux dont ils profitent; 2° les dépenses résultant des modifications que l'exercice de cette faculté peut rendre nécessaires; et 3° pour l'avenir, une part contributive dans l'entretien des travaux devenus communs.*

ART. 6. — *La destruction totale ou partielle des conduits d'eau ou fossés évacuateurs est punie des peines portées à l'art. 456 du Code pénal. Tout obstacle apporté volontairement au libre écoulement des eaux, est puni des peines portées par l'art. 457 du même Code. L'art. 463 du Code pénal peut-être appliqué.*

ART. 644. — *Celui dont la propriété borde une eau courante autre que celle qui est déclarée dépendance du domaine public par l'art. 538, peut s'en servir à son passage pour l'irrigation de ses propriétés. Celui dont cette eau traverse l'héritage peut même en user dans l'intervalle qu'elle y parcourt, mais à la charge de la rendre à la sortie de ses fonds à son cours ordinaire.*

Loi du 29 avril 1845.

ART. 1er. — *1° Tout propriétaire qui voudra se servir, pour l'irrigation de ses propriétés, des eaux naturelles ou artificielles dont il a le droit de disposer, pourra obtenir le passage de ces eaux sur les fonds intermédiaires, à la charge d'une juste et préalable indemnité. Sont exceptés de cette servitude les maisons, cours, jardins, parcs et enclos attenant à cette habitation. — 2° Les propriétaires des fonds inférieurs devront recevoir les eaux qui s'écouleront des terrains ainsi arrosés, sauf l'indemnité qui pourra leur être due. Seront également exceptés, etc., etc...... — 3° La même faculté de passage sur les fonds intermédiaires pourra être accordée au propriétaire d'un terrain submergé, en tout ou en partie, à l'effet de procurer aux eaux nuisibles leur écoulement.*

ART. 645. — *S'il s'élève une contestation entre les propriétaires auxquels ces eaux peuvent être utiles, les tribunaux en prononçant doivent concilier l'intérêt de l'agriculture avec le respect dû à la propriété, et dans tous les cas les règlements particuliers et locaux sur le cours et l'usage des eaux doivent être observés.*

Dans l'arrondissement de SAINT-OMER, le régime des eaux, particulier à chaque héritage, n'est soumis à aucune coutume générale autre que les règlements de la 7e section des Wattringues.

L'administration des ponts et chaussées tend à réglementer la durée du flottage à raison d'un nombre de jours par semaine, pour sauvegarder les intérêts des propriétaires d'usines hydrauliques.

Du bornage.

ART. 646. — *Tout propriétaire peut obliger son voisin au bornage de leurs propriétés contiguës. Le bornage se fait à frais communs.*

Dans les marais de Saint-Omer, les fossés anciens sont établis sur la limite même des héritages.

On rencontre, dans le canton de Lumbres notamment, des arbres, des pieds d'épine blanche, plantés sur la ligne séparative sans aucun rejet, pour servir de bornes entre les héritages.

À défaut de titres affirmant les droits du propriétaire sur les rideaux qui séparent leurs héritages, les usages locaux établissent comme il suit leur part respective :

Dans les deux cantons de Saint-Omer, la partie supérieure du rideau ou crocq est censé faire partie des fonds supérieurs jusqu'aux jambes pendantes, c'est-à-dire jusqu'à l'endroit où peuvent atteindre les talons d'un homme assis sur la crête supérieure. Cette distance est évaluée à 744 millimètres. Lorsque le rideau a une hauteur moindre que 744 millimètres, il appartient en entier au fond supérieur.

Dans les cantons de Lumbres et d'Ardres, le même usage est observé, mais la distance des jambes pendantes serait d'environ un mètre, selon l'avis des commissions cantonales, et de 744 millimètres, selon le travail de la commission centrale.

Dans le canton de Fauquembergues, les deux tiers du rideau appartiennent au propriétaire des fonds supérieurs et un tiers au propriétaire inférieur.

Du droit de clôture.

Art. 647. — *Tout propriétaire peut clore son héritage, sauf l'exception portée en l'art. 682.* (Cas où il doit un passage à un terrain enclavé.)

Dans la ville de Saint-Omer et dans ses faubourgs, la hauteur réglementaire des murs de clôture, compris le chaperon, est de 3m80. Les anciens murs de clôture n'ayant que 3m20 sont cependant conservés tels.

Dans le canton d'Ardres, cette hauteur est de deux mètres soixante et onze centimètres.

Art. 663...... (suite). — *Et à défaut d'usages et de règlements, tout mur de séparation entre voisins qui sera construit ou rétabli à l'avenir, doit avoir au moins trentedeux décimètres (dix pieds de hauteur) compris le chaperon, dans les villes de 50.000 âmes et au-dessus, et vingtsix décimètres (huit pieds) dans les autres.*

Art. 671. — *Il n'est permis de planter des arbres à haute tige qu'à la distance prescrite par les règlements particuliers actuellement existants ou par les usages constants et reconnus. Et à défaut de règlements et usages, qu'à la distance*

*de deux mètres de la ligne séparative des deux héritages
pour les arbres à haute tige, et à la distance d'un demi-
mètre pour les autres arbres et haies vives.*

ART. 672. — *Le voisin peut exiger que les arbres et haies
plantés à une moindre distance soient arrachés. Celui sur
la propriété duquel avancent les branches des arbres du
voisin peut contraindre celui-ci à couper ces branches. Si
ce sont les racines qui avancent sur son héritage, il a le
droit de les y couper lui-même.*

Toutefois lorsque les plantations ont atteint l'âge de 30 ans
elles sont sauvegardées par le droit de prescription ; le voisin
ne peut en ce cas que requérir l'élagage des branches qui pen-
dent sur son terrain. Mais la prescription acquise ne donne
pas le droit de replanter en dehors des limites fixées par les
règlements en vigueur.

Un arrêt de la cour de cassation établit que les plantations
d'essences d'arbres réputés à haute tige sont soumises aux exi-
gences des art. 671 et 672, même lorsqu'elles sont maintenues
en forme de haies. Cependant les usages les ont toujours
toléré.

Selon le travail de la commission centrale, dans les cantons
de SAINT-OMER, D'AIRE, D'ARDRES, DE SAMER ET DE MARQUISE,
pour les haies vives entre manoirs, on exige un rejet de :

45 à 50 centimètres vers le vent de mer qui souffle du côté
d'occident ou du septentrion.

75 à 84 centimètres au-dessus du vent de mer qui vient du
côté d'orient et du midi.

75 à 84 centimètres pour les haies d'un héritage tenant à
une terre labourable, ce qui comprend les haies formant le tour
du village.

Toutefois les distances observées le plus généralement pa-
raissent être les suivantes.

Rejet que doit laisser une haie :

	Vers l'Est et le Sud.	Vers l'Ouest et le Nord.
Cantons de Saint-Omer, nord et sud	0 m 740	0 m 430
Canton d'Aire	0 m 750	0 m 450
	2 pieds 1/2	1 pied 1/2
Canton d'Ardres . . .	0 m 744	0 m 446
	27 pouces 1/2	16 pouc. 1/2
à Balinghem	0 m 833	0 m 500
	30 pouces	18 pouces

	Vers l'Est et le Sud.	Vers l'Ouest et le Nord.
Canton d'Audruicq. . .		
à Ruminghem . . .	22 pouces	18 pouces
à Audruicq, Nortker-que, Polincove, Saint-Folquin, Sainte-Marie-Kerque ; Saint-Omer-Capelle et Zutkerque .	0 m 74	0 m 48
à Guemps, Offekerque, Oye, Nouvelle-Eglise, Vieille-Eglise. . . .	Selon la coutume de Calais.	
Canton de Lumbres . .	Comme dans les cantons de Saint-Omer ou d'Aire, selon que la commune ressortissait autrefois de l'un ou de l'autre de leurs baillages.	

Les fossés de séparation non mitoyens doivent généralement laisser de côté du voisin un rejet qui est de :

SAINT-OMER (canton nord et sud) : 0m33.

CANTON D'AUDRUICQ : Audruicq, Nortkerque, Polincove, Zutkerque : 11 pouces mesure d'Artois.

Guemps, Nouvelle-Eglise, Offekerque, Oye, Vieille-Eglise : 12 pouces de pied de roi.

Ruminghem, Saint-Folquin, Sainte-Marie-Kerque, Saint-Omer-Capelle : 10 pouces.

Les arbres à haute tige dans le CANTON D'ARDRES doivent être plantés à une distance du voisin de six pieds de onze pouces. Cette distance est de six pieds de douze pouces à Balinghem.

Les saules ou tétards dont la tête est coupée à trois mètres du sol et dont les branches sont coupées tous les trois ans ne sont point considérés comme arbres à haute tige et peuvent être plantés aux distances du voisin indiquées pour les haies.

Dans le CANTON D'AUDRUICQ, le territoire de RUMINGHEM déroge seul par un usage local, en ce qui concerne les arbres à haute tige : ils peuvent être plantés en ne laissant qu'une distance de dix-huit pouces du côté du levant et du midi, ou une distance de vingt-deux pouces du côté du couchant et du nord.

Clôtures mitoyennes.

ART. 653. — *Dans les villes et les campagnes, tout mur servant de séparation entre bâtiments jusqu'à l'heberge ou entre cours et jardins et même entre enclos dans les champs est présumé mitoyen s'il n'y a titre ou marque du contraire.*

A SAINT-OMER, la seule marque de mitoyenneté en usage pour les murs de clôture est une petite niche appelée chapelette, terminée à sa partie supérieure par un angle aigu ou ogival. Les chapelettes se pratiquent dans le mur même à hauteur d'appui du côté de chaque héritage, l'un d'un côté et l'autre de l'autre, aux deux extrémités opposées. Lorsque le mur de clôture appartient exclusivement à un héritage, la chapelette n'existe que de ce côté et au centre du mur. Dans le canton sud *extra-muros* et notamment à Arques et à Blandecques, la marque de mitoyenneté est un chaperon appelé dos de cochon. Le chaperon couronne le mur de chaque côté quand celui-ci est mitoyen. Quand le mur n'appartient qu'à un seul héritage, le dos de cochon ne forme saillie que de ce côté.

À ARDRES, la hauteur des clôtures est de huit pieds de onze pouces et l'épaisseur d'une brique et demie de douze pouces. La hauteur pour un mur mitoyen lorsque les deux terrains ne sont pas au même niveau, est calculée en prenant pour point de départ le sol le moins élevé. Les frais sont supportés, savoir : Par le propriétaire le plus bas par moitié, mais seulement jusqu'à la hauteur de huit pieds à partir du sol de sa propriété, et le surplus est supporté par le propriétaire le plus élevé qui doit en outre faire à ses frais, de son côté, un contre-mur pour soutenir son terrain. Ce contre-mur doit-être de six pouces d'épaisseur si le terrain voisin est plus élevé d'un pied. Par chaque pied de différence de hauteur en plus, on ajoute deux pouces d'épaisseur faisant saillie à chaque assise de briques.

Dans le canton de FAUQUEMBERGUES, il y a marque de mitoyenneté lorsque la gouttière de la clôture tombe des deux côtés.

ART. 663. — *Chacun peut contraindre son voisin dans la ville et faubourgs à contribuer aux constructions et réparations de la clôture faisant séparation de leurs maisons, cours et jardins assis esdites villes et faubourgs. La hauteur de la clôture sera fixée suivant les règlements particuliers ou les usages constants et reconnus; et à défaut d'usages et de règlements, tout mur de séparation entre voisins qui sera construit ou rétabli à l'avenir, doit avoir trente-deux décimètres (dix pieds) de hauteur, compris le chaperon, dans les villes de 50.000 âmes et au-dessus, et vingt-six décimètres (huit pieds) dans les autres.*

ART. 655. — *La réparation et la reconstruction du mur mitoyen sont à la charge de tous ceux qui y ont droit et proportionnellement au droit de chacun.*

ART. 657. — *Tout co-propriétaire peut faire bâtir contre un mur mitoyen et y faire placer des poutres ou solives*

dans toute l'épaisseur du mur, à cinquante-quatre millimètres (deux pouces) près, sans préjudice du droit qu'à le
voisin de faire réduire à l'ébauchoir la poutre jusqu'à la
moitié du mur, dans le cas où il voudrait lui-même asseoir
des poutres dans le même lieu où y adosser une cheminée.

Art. 658. — Tout co-propriétaire peut faire exhausser
le mur mitoyen, mais il doit payer seul la dépense de
l'exhaussement, les réparations d'entretien au-dessus de
la hauteur de la clôture commune et en outre l'indemnité
de la charge en raison de l'exhaussement et suivant la valeur.

Art. 659. — Si le mur mitoyen n'est pas en état de sup-
porter l'exhaussement, celui qui veut l'exhausser doit le
faire reconstruire en entier à ses frais et l'excédant d'é-
paisseur doit se prendre de son côté.

Art. 661. — Tout propriétaire joignant un mur a de
même la faculté de le rendre mitoyen en tout ou en partie
en remboursant au maître du mur la moitié de sa valeur
ou la moitié de la valeur de la portion qu'il veut rendre
mitoyenne, et moitié de la valeur du sol sur lequel le mur
est bâti.

Art. 666. — Tous fossés entre deux héritages sont pré-
sumés mitoyens s'il n'y a titre ou marque du contraire.

Art. 669. — Le fossé mitoyen doit être entretenu à fonds
communs.

Dans les marais de Saint-Omer, les anciens fossés n'ont pas
de rejet et sont établis sur la limite même des héritages.

Dans les cantons d'Aire, d'Ardres et d'Audruicq, chacun
des propriétaires cure le fossé mitoyen sur la moitié de sa lar-
geur ou en totalité alternativement.

Art. 670. — Toute haie qui sépare les héritages est
réputée mitoyenne, à moins qu'il n'y ait qu'un seul des héritages en état de clôture, ou s'il n'y a titre ou possession
suffisante au contraire.

Dans le canton d'Aire, une haie mitoyenne est divisée en
deux parties égales ; chacun des propriétaires entretient et
taille des deux côtés la partie qui lui est attribuée.

Dans le canton d'Ardres, existent des haies qualifiées mi-
toyennes par les titres avec cette addition que tel bout appartient à telle propriété, tel autre bout à la propriété voisine.
Ces haies sont plantées sur la limite extrême des deux propriétés. Chacun taille et entretient le bout qui lui est désigné
par son titre. Il passe même sur la propriété de son voisin
pour aller faire ces travaux du côté opposé à sa propriété, et

quant à la propriété de chaque bout de la haie et des arbres qui s'y trouvent, elle est exclusive pour chacun.

Dans le canton d'AUDRUICQ règne le même usage. Les deux bouts de haies sont égaux. Il y est entendu que chaque propriétaire est obligé de souffrir les servitudes nécessaires de la végétation de la haie par racines et par branches, et que chacun est tenu d'entretenir en état de clôture son bout de haie sans pouvoir l'arracher.

Dans le canton de FAUQUEMBERGUES, des haies séparant les jardins, quoique appartenant à une seule personne, sont plantées sur la ligne séparative des héritages et n'ont pas de rejet; elles doivent être taillées aux ciseaux au moins une fois chaque année.

ART. 673. — *Les arbres qui se trouvent dans la haie mitoyenne sont mitoyens comme la haie, et chacun des deux propriétaires a droit de requérir qu'ils soient abattus.*

ART. 456 du Code pénal. — *Quiconque aura en tout ou en partie comblé des fossés, détruit des clôtures de quelques matériaux qu'elles soient faites, coupé ou arraché des haies vives ou sèches ; quiconque aura déplacé ou supprimé des bornes ou pieds corniers ou autres arbres plantés ou reconnus pour établir des limites entre différents héritages sera puni d'un emprisonnement qui ne pourra être au-dessous d'un mois ni excéder une année et d'une amende égale au quart des restitutions et des dommages-intérêts qui dans aucun cas ne pourra être au-dessous de 50 francs.*

Ouvrages à interposer entre les constructions.

ART. 674. — *Celui qui fait creuser un puits ou une fosse d'aisance près d'un mur, mitoyen ou non ; celui qui veut y construire cheminée ou âtre, forge ou fourneau, y adosser une étable ou établir contre ce mur un magasin de sel ou amas de matières corrosives, est obligé à laisser la distance prescrite par les règlements et usages particuliers sur ces objets, ou à faire les ouvrages prescrits par les mêmes règlements et usages pour éviter de nuir au voisin.*

Fours. — Vide ou tour du chat entre un four et le mur séparatif.

Saint-Omer (canton nord) : 0m15.
Saint-Omer (canton sud) : 0m22.
Canton d'Ardres : 6 pouces, un mur de 1 pied.
Canton d'Audruicq : 1/2 pied.

Fosses d'aisance. — Ne peuvent être établies à Saint-Omer qu'à une distance du mur séparatif de 1^m00; et cette distance doit être occupée par un contre-mur.

A Ardres, la distance exigée n'est que de un pied, et il n'est point fait mention de contre-mur.

Puits. — Dans les cantons de Saint-Omer, les puits doivent être séparés du mur du voisin par un contre-mur étanche de trente-trois centimètres d'épaisseur.

Dans le canton d'Ardres, la distance entre un puits et celui du voisin doit être de quatre pieds.

Cheminées. — L'usage n'exige pas de contre-mur dans les cantons de Saint-Omer.

Etables. — A Saint-Omer, on ne peut établir une écurie ou une étable contre un mur séparatif qu'à la condition de le protéger jusqu'à la mangeoire, soit jusqu'à 1^m50 environ, par un contre-mur de l'épaisseur d'une brique dans la ville et les faubourgs, et de l'épaisseur d'une demi-brique dans le canton sud *extra-muros*.

Dans le canton d'Ardres, ce contre-mur doit avoir 8 pouces.

Dépôt de substances corrosives. — Dans le canton d'Ardres, les magasins de sel, les dépôts de fumiers ou de matières corrosives doivent être séparés du mur voisin par un contre-mur d'un pied d'épaisseur avec fondation de trois pieds de profondeur.

Vues. — Art. 678. — *On ne peut avoir des vues droites ou fenêtres d'aspect, ni balcons ou autres semblables saillies sur l'héritage clos ou non clos de son voisin, s'il n'y a dix-neuf décimètres (six pieds) de distance entre le mur où on le pratique et ledit héritage.*

Egout des toits. — Art. 681. — *Tout propriétaire doit établir des toits de manière que les eaux pluviales s'écoulent sur son terrain ou sur la voie publique; il ne peut les faire verser sur le fonds de son voisin.*

Droit de passage. — Art. 682. — *Le propriétaire dont les fonds sont enclavés et qui n'a aucune issue sur la voie publique peut réclamer un passage sur les fonds de ses voisins pour l'exploitation de son héritage, à la charge d'une indemnité proportionnée au dommage qu'il peut occasionner.*

Art. 684. — *Néanmoins il doit être fixé dans l'endroit le moins dommageable à celui sur le fonds duquel il est accordé.*

Des servitudes et de la prescription.

ART. 688. — *Les servitudes sont ou continues ou discontinues. Les servitudes continues sont celles dont l'usage est ou peut-être continuel sans avoir besoin du fait actuel de l'homme : tels sont les conduits d'eau, les égouts, les vues, et autres de cette espèce. — Les servitudes discontinues sont celles qui ont besoin du fait actuel de l'homme pour être exercées : tels sont les droits de passage, puisage, pacage et autres semblables.*

ART. 689. — *Les servitudes sont apparentes ou non apparentes. Les servitudes apparentes sont celles qui s'annoncent par des ouvrages extérieurs, tels qu'une porte, une fenêtre, un aqueduc. — Les servitudes non apparentes sont celles qui n'ont pas de signe extérieur de leur existence, comme par exemple la prohibition de bâtir sur un fonds ou de ne bâtir qu'à une hauteur déterminée.*

ART. 690. — *Les servitudes continues ou apparentes s'acquièrent par titre ou par la possession de 30 ans.*

ART. 691. — *Les servitudes continues non apparentes et les servitudes discontinues apparentes ou non apparentes ne peuvent s'établir que par titres. La possession même immémoriale ne suffit pas pour les établir, sans cependant qu'on puisse attaquer aujourd'hui les servitudes de cette nature déjà acquises par la possession dans les pays où elles pouvaient s'acquérir de cette manière.*

Cette loi a été décrétée le 31 janvier 1804 et promulguée le 10 février. Cette date importe à l'application de l'article qui précède.

Selon la coutume du baillage de SAINT-OMER datant de 1743, les servitudes pouvaient s'acquérir soit par titre, soit par possession suffisante ; elles s'éteignaient de même ; et quant à l'usage desdites servitudes, on se conformait aux us et coutumes de la prévôté et vicomté de Paris. — La coutume du baillage de Saint-Omer datant de 1509 établissait à vingt années continuelles le temps utile pour qu'il y ait prescription.

Par la coutume D'AIRE, les servitudes pouvaient s'acquérir soit par titre, soit par possession suffisante à prescription et se perdaient et s'éteignaient de même. Quant à l'usage desdites servitudes, on se conformait aux us et coutumes de la prévôté de Paris, sauf néanmoins la mesure du baillage d'Aire.

Les communes composant actuellement le canton de LUMBRES ressortissaient autrefois, les unes du baillage de Saint-Omer, les autres du baillage d'Aire.

Plusieurs des communes qui composent le canton D'ARDRES faisaient partie autrefois de l'ancienne province de Picardie, et suivaient alors la coutume d'Amiens. — La commune de BALINGHEM ressortissait seule du baillage de Calais.

Les communes qui composent le canton D'AUDRUICQ suivaient presque toutes les coutumes du baillage de Saint-Omer. Mais les communes de NOUVELLE-EGLISE, GUEMPS, OFFEKERQUE, OYE ET VIEILLE-EGLISE suivaient les coutumes de Calais, et la commune de RUMINGHEM suivait la coutume du présidial de Bailleul dont elle dépendait.

La coutume de Calais n'admettait pas la prescription pour l'établissement des servitudes, mais elle admettait que le titre de servitude s'éteignait par l'empêchement ou acte contraire continué pendant trente ans, entre âgés et non privilégiés.

ART. 692. — *La destination du père de famille vaut titre à l'égard des servitudes continues et apparentes.*

ART. 697. — *Celui auquel est dû une servitude a droit de faire tous les ouvrages nécessaires pour en user et pour la conserver.*

ART. 708. — *Le mode de la servitude peut se prescrire comme la servitude même et de la même manière.*

La servitude dite droit d'échelle, est purement facultative de la part de celui qui la souffre, si elle n'est basée sur un titre.

Des conventions ou contrats.

ART. 1319. — *L'acte authentique fait pleine foi de la convention qu'il renferme entre les parties contractantes et leurs héritiers ou ayants-cause........*

ART. 1325. — *Les actes sous seing privé qui contiennent des conventions synallagmatiques (réciproques entre les diverses parties) ne sont valables qu'autant qu'ils ont été faits en autant d'originaux qu'il y a de parties ayant un intérêt distinct. Il suffit d'un original pour toutes les personnes ayant le même intérêt : chaque original doit contenir la mention du nombre des originaux qui en ont été faits, etc.*

De la vente ; vices rédhibitoires.

ART. 1589. — *La promesse de vente vaut vente lorsqu'il y a consentement réciproque des deux parties sur la chose et sur le prix.*

La loi du 12 décembre 1798 porte :

Art. 22. — *Les actes qui à l'avenir seront faits sans signature privée et qui porteront transmission de propriété ou d'usufruit de biens immeubles et les baux à ferme ou à loyer, sous baux, cessions et subrogations de baux et les engagements aussi sous signature privée de biens de même nature seront enregistrés dans les trois mois de leur date, etc........*

L'acte authentique étant lui-même sujet à enregistrement, la promesse de vente devra être transformée en acte authentique enregistré, dans les trois mois qui suivent la date de la signature, si l'on ne veut payer double droit d'enregistrement.

Art. 1641. — *Le vendeur est tenu de la garantie à raison des défauts cachés de la chose vendue qui la rendent impropre à l'usage auquel on la destine ou qui diminuent tellement cet usage que l'acheteur ne l'aurait pas acquise ou n'en aurait donné qu'un moindre prix s'il les avait connus.*

Une loi du 20 mai 1838 établit comme il suit la liste des vices réputés rédhibitoires :

Pour le cheval, l'âne et le mulet, la fluxion périodique des yeux, l'épilepsie ou le mal caduc, la morve, le farcin, les maladies anciennes de poitrine ou vieilles courbatures, l'immobilité, la pousse, le cornage chronique, le tic sans usure des dents, les hernies inguinales intermittentes, la boiterie intermittente pour cause de vieux mal.

Pour l'espèce bovine, la phthisie pulmonaire ou pommelière, l'épilepsie ou mal caduc, les suites de la délivrance, le renversement du vagin ou de l'uterus après le part chez le vendeur.

Pour l'espèce ovine, la clavelée. Cette maladie reconnue chez un seul animal entraînera la rédhibition de tout le troupeau, si ce troupeau porte la marque du vendeur. Le sang de rate ; cette maladie n'entraînera la rédhibition du troupeau qu'autant que dans le délai de la garantie sa perte constatée s'élèvera au quinzième au moins des animaux achetés, et que le troupeau portera la marque du vendeur.

Le délai pour intenter l'action rédhibitoire sera, non compris le jour fixé pour la livraison, de trente jours pour le cas de fluxion périodique des yeux et d'épilepsie ou mal caduc ; de neuf jours pour tous les autres cas. — Si la livraison de l'animal a été effectuée, ou si l'animal a été conduit dans les délais ci-dessus, hors du lieu du domicile du vendeur, les délais seront augmentés d'un jour par cinq myriamètres de distance du domicile du vendeur au lieu où l'animal se trouve.

L'acquéreur qui paierait le prix convenu pour l'acquisition d'un immeuble, avant la transcription de son contrat au bureau des hypothèques et avant la purge légale, s'exposerait à se voir réclamer les dettes hypothéquées sur cet immeuble.

ART. 1596. — *Ne peuvent se rendre adjudicataires sous peine de nullité ni par eux-mêmes, ni par personnes interposées, les tuteurs des biens de ceux dont ils ont la tutelle, les mandataires de biens qu'ils sont chargés de vendre, les administrateurs de ceux des communes ou des établissements publics confiés à leurs soins, etc........*

Du louage.

ART. 1729. — *Si le preneur emploie la chose louée à un autre usage que celui auquel elle a été destinée ou dont il puisse résulter un dommage pour le bailleur, celui-ci peut, suivant les circonstances, faire résilier le bail.*

ART. 1730. — *S'il a été fait un état des lieux entre le bailleur et le preneur, celui-ci doit rendre la chose telle qu'il l'a reçue suivant cet état, excepté ce qui a péri ou a été dégradé par vétusté ou force majeure.*

ART. 1731. — *S'il n'a pas été fait d'état de lieux, le preneur est présumé les avoir reçus en bon état de réparations locatives et doit les rendre tels, sauf la preuve contraire.*

ART. 1736. — *Si le bail a été fait sans écrit, l'une des parties ne pourra donner congé à l'autre qu'en observant les délais fixés par l'usage des lieux. La preuve du congé ne résulte que d'un écrit : elle ne peut pas être établie par simple témoignage.*

Dans la ville et les faubourgs de SAINT-OMER, le bail à loyer de maison, grange et héritage fait sans écrit et sans terme, est censé fait à l'année ; les époques d'entrée et de sortie sont le 1er février et le 1er août. Le congé pour le 1er février doit être donné avant Noël, et pour le 1er août avant la Saint-Jean d'été (24 juin). Il ne peut être donné que pour le jour où expire l'année de location. Par rapport aux congés, l'année de location commence à compter du 1er février quand l'entrée a eu lieu entre la Noël et la Saint-Jean d'été, et au 1er août lorsque le locataire est entré entre la Saint-Jean d'été et la Noël. A défaut de congé de part et d'autre, dans les délais ci-dessus, le locataire ne peut plus sortir ni être expulsé, et le bail se continue de plein droit pour la durée d'un an. Toutefois s'il était établi, par l'un des moyens que la loi autorise,

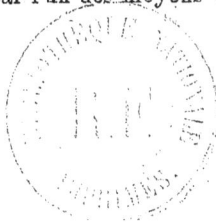

que le bail avait été contracté pour moins d'une année, la tacite reconduction ne s'opérerait que pour une durée égale à celle qui aurait été convenue.

En dehors de la ville et des faubourgs, les baux à loyer sont censément faits à l'année ; l'époque d'entrée est le 15 mars dans le canton nord, et les 15 mars et 15 septembre dans le canton sud.

A AIRE, l'entrée en jouissance des maisons à titre de loyer est au jour de Noël (25 décembre) et au jour de saint Jean-Baptiste (24 juin). Pour les locations sans bail ou avec bail sans terme, on doit donner congé, six mois pour un principal locataire et trois mois pour un locataire de portion de maison avant lesdits jours de Noël et de saint Jean-Baptiste.

Dans le canton de LUMBRES, en pareil cas, le congé doit être donné six mois à l'avance s'il s'agit d'une maison avec jardin et trois mois s'il s'agit d'une maison sans jardin. La tacite reconduction est d'un an pour les maisons.

Dans le canton D'ARDRES, pour la location de maisons à l'année, il n'existe que deux termes : les 15 mars et 15 septembre. L'usage pour les congés est de prévenir six mois avant le terme auquel a commencé la location. Pour les locataires de moins d'un an, que la location soit pour trois, six ou neuf mois, il suffit d'un congé donné un mois avant l'expiration. Le paiement sert de base pour indiquer la durée de la location verbale. Ainsi si le loyer a été payé tous les mois, la location est censée faite au mois; s'il a été payé tous les trois mois, elle est censée faite pour cette durée; s'il n'a été fait aucun paiement, elle est censée faite pour un an.

La location des jardins est censée faite à l'année et n'a qu'un seul terme, le 15 mars.

Dans la ville D'AUDRUICQ, les locations se font à l'année et l'entrée en jouissance a lieu le mardi de Pâques à midi. — Dans la banlieue d'Audruicq, ainsi que dans toutes les autres communes du canton, Ruminghem excepté, les locations se font aussi à l'année et l'entrée en jouissance a lieu le 16 mars à midi. — A Ruminghem, ces locations se font bien aussi à l'année, mais l'entrée en jouissance n'a lieu que le 1er mai à midi.

Dans la ville, on doit donner congé, pour les locations au-dessous de quarante francs, six semaines d'avance, et pour les autres locations trois mois d'avance. — Dans la banlieue, comme dans tout le reste du canton, les délais de congé sont de six mois.

Dans le canton de FAUQUEMBERGUES, le bail à loyer des maisons, passé sans écrit, est aussi fait pour l'année. L'époque d'entrée et de sortie est le 15 mars ; le congé doit être donné six semaines à l'avance, c'est-à-dire avant le 1er février.

ART. 1744. — *S'il a été convenu lors du bail qu'en cas de vente l'acquéreur pourrait expulser le fermier ou locataire et qu'il n'ait été fait aucune stipulation sur les dommages et intérêts, le bailleur est tenu d'indemniser le fermier ou le locataire de la manière suivante.*

ART. 1745. — *S'il s'agit d'une maison, appartement ou boutique, le bailleur paie à titre de dommages et intérêts au locataire évincé une somme égale au prix du loyer pendant le temps qui, suivant l'usage des lieux, est accordé entre le congé et la sortie.*

ART. 1746. — *S'il s'agit de biens ruraux, l'indemnité que le bailleur doit payer au fermier est du tiers du prix du bail pour tout le temps qui reste à courir.*

ART. 1747. — *L'indemnité se réglera par experts s'il s'agit de manufactures, usines ou autres établissements qui exigent de grandes avances.*

ART. 1748. — *L'acquéreur qui veut user de la faculté réservée par le bail d'expulser le fermier ou locataire en cas de vente, est en outre tenu d'avertir le locataire au temps d'avance usité dans le lieu pour les congés. — Il doit aussi avertir le fermier de biens ruraux au moins un an à l'avance.*

ART. 1752. — *Le locataire qui ne garnit pas la maison de meubles suffisants peut être expulsé, à moins qu'il ne donne des sûretés capables de répondre du loyer.*

ART. 1754. — *Les réparations locatives ou de menu entretien dont le locataire est tenu, s'il n'y a clause contraire, sont celles désignées comme telles par l'usage des lieux et entre autres les réparations à faire aux âtres, contre-cœurs, chambranles et tablettes de cheminées; — au recrépiment du bas des murailles des appartements et autres lieux d'habitation, à la hauteur d'un mètre; — aux pavés et carreaux des chambres lorsqu'il y en a seulement quelques-uns de cassés; — aux vitres à moins qu'elles ne soient cassées par la grêle ou autres accidents extraordinaires et de force majeure dont le locataire ne peut être tenu; — aux portes, croisées, planches de cloisons ou de fermetures de boutiques, gonds, targettes et serrures.*

ART. 1755. — *Aucune des réparations locatives n'est à la charge des locataires quand elles ne sont occasionnés que par vétusté ou force majeure.*

ART. 1756. — *Le curement des puits et celui des fosses d'aisance sont à la charge du bailleur s'il n'y a clause contraire.*

A Saint-Omer, les réparations du couronnement des toits et des murs en torchis sont réputées locatives.

Dans le canton d'Ardres, les réparations locatives les plus usuelles sont : le recrépiment des murs, le replâtrage dans toute leur hauteur, boucher les simples trous des toits et faire le couronnement tous les trois ans.

En ce qui concerne les plantations nouvelles, le propriétaire est tenu de les bien armer et garantir ; pour les haies, de les latter, les lier avec osiers et de les garantir de l'approche des bestiaux au moyen de traverses de bois. Ce travail fait, le fermier prend à sa charge non-seulement l'entretien mais encore, s'il en est besoin, le renouvellement de tous les objets que le propriétaire a fait pour les garantir des dégâts que pourraient y faire les bestiaux ; par suite, il devient responsable envers lui de tout dégât.

Dans le canton d'Audruicq, il est d'usage 1° que les locataires renouvellent, toutes les fois que besoin est, le couronnement des couvertures en chaume ; 2° qu'ils entretiennent de menues réparations ces mêmes couvertures en fournissant la paille, les osiers et les verges sans qu'il en coûte au propriétaire ; 3° qu'ils réparent les palis du dehors et du dedans ; 4° qu'ils fassent faire le recrépiment du bas des murailles et 5° qu'ils soient tenus aux réparations à faire aux âtres et contre-cœurs des cheminées, aux pavés et carreaux des places lorsqu'il y en a seulement quelques-uns de cassés, enfin aux vitres à moins qu'elles ne soient cassées par la grêle ou par quelqu'accident de force majeure.

Dans le canton de Fauquembergues, les réparations au couronnement des toits et aux murs en torchis sont réputées locatives.

Art. 1758. — *Le bail d'un appartemement meublé est censé fait à l'année quand il a été fait à tant par an; au mois quand il a été fait à tant par mois; au jour s'il a été fait à tant par jour. — Si rien ne constate que le bail soit fait à tant par an, par mois ou par jour, la location est censée faite suivant l'usage des lieux.*

A Saint-Omer, le bail d'un appartement meublé, ailleurs que chez les maîtres d'hôtel, aubergistes et logeurs, est censé fait au mois ; le délai pour donner congé est de quinze jours.

Dans le canton de Lumbres, les baux d'appartements sont ordinairement pour le terme d'un mois, et leur résolution doit être notifiée quelques jours à l'avance.

Baux à ferme.

Art. 1768. — *Le preneur d'un bien rural est tenu, sous*

peine de tous dépens, dommages et intérêts, d'avertir le propriétaire des usurpations qui peuvent être commises sur le fonds. — Cet avertissement doit être donné dans le même délai que celui qui est réglé en cas d'assignation suivant la distance des lieux. (Voir art. 1729.)

Lorsqu'il est publié dans une commune un arrêté ordonnant une enquête pour expropriation d'intérêt public, le locataire d'un bien menacé d'expropriation doit être tenu, au terme de l'article précédent, d'en avertir son bailleur qui n'habite pas la commune, car cet arrêté est un acheminement à une prise de possession, et par conséquent un commencement d'exécution.

Lorsqu'il s'agit de formalités concernant les expropriations ou les occupations temporaires pour extractions de matériaux, les administrations adressent souvent au locataire, comme représentant le propriétaire, les invitations à comparaître ou à faire valoir les droits. Si le locataire ne se considère pas comme astreint en ce cas à l'observation de l'art. 1768, il peut en résulter de graves mécomptes pour le propriétaire qui peut trouver chez son occupeur une solvabilité suffisante pour la gestion d'une culture, mais qui ne la trouvera généralement pas suffisante pour le garantir contre la dépréciation que peut subir sa propriété par suite d'un travail d'intérêt public. — L'art. 1768 doit donc être rappelé dans les baux, et son inobservation dans ce cas particulier bien spécifiée doit y être porté, comme une cause de résiliation.

ART. 1774. — *Le bail sans écrit d'un fonds rural est censé fait pour le temps qui est nécessaire afin que le preneur recueille tous les fruits de l'héritage affermé. — Ainsi le bail à ferme d'un pré, d'une vigne, et de tout autre fonds dont les fruits se recueillent en entier dans le cours de l'année, est censé fait pour un an. — Le bail des terres labourables, lorsqu'elles se divisent par soles ou saisons, est censé fait pour autant d'années qu'il y a de soles.*

ART. 1775. — *Le bail des héritages ruraux, quoique fait ans écrit, cesse de plein droit à l'expiration du temps pour eque l il est censé fait selon l'article précédent.*

Dans les cantons de SAINT-OMER les terres, à part quelques exceptions, ne sont pas assolées ; les baux ne sont censés faits que pour une année qui comprend l'intervalle de la fin d'une récolte à la fin de la récolte suivante.

Le bail d'une ferme ou maison qui comprend des terres dans ses dépendances est soumis aux mêmes règles que le bail à loyer en ce qui concerne les époques d'entrée et de sortie. (Voir art. 1736.) Mais le délai pour donner congé est de six mois, et dans le canton sud ce délai est observé même pour les maisons qui n'ont d'autres terres dans leurs dépendances qu'un jardin. Le fermier entrant prend toujours possession des terres immédiatement après la récolte qui précède le 15 mars ou qui suit le 15 septembre où il doit entrer en jouissance de la maison. Le fermier sortant est tenu de les abandonner au plus tard le onze de novembre et de laisser dans la ferme tous les fumiers qu'il a faits dans l'année et qu'il doit faire encore au moment de la sortie de la maison lorsque cette sortie a lieu au 15 mars.

Dans la banlieue D'AIRE, les fermiers ou locataires de maisons, héritages ou terres, en auront la jouissance, savoir : des terres ou héritages sujets à labour, après la dépouille levée, et des maisons et manoirs à la mi-mars en suivant ; et ne peuvent, les propriétaires desdites maisons et héritages ou terres, ni locataires ou fermiers sans bail ou avec bail sans terme préfix, expulser le locataire ou abandonner le loyer sans s'avertir l'un et l'autre six mois auparavant les termes ci-dessus.

Dans le canton de LUMBRES, en cas de baux écrits ou non, sans terme fixe, s'il s'agit de biens ruraux, le bailleur ni le preneûr n'est tenu de donner congé; mais s'il s'agit d'une maison avec jardin, il doit être donné six mois à l'avance.

Dans le canton D'ARDRES, les locations verbales de terre à labour, qu'il y ait ou non jachère, sont sensées faites pour trois ans ; elles commencent comme elles finissent, de suite après l'enlèvement de la récolte. Les locations de pâturages sont sensées faites pour un an ; elles commencent comme elles finissent, au 15 mars, et si des bâtiments en dépendent, leur location est assujettie aux mêmes durée et condition. Les paiements de fermages se font en deux termes : à la Saint-Jean et à la Noël.

Il existe dans le canton une espèce de louage connue sous le nom de *Bête à l'herbage*. Il consiste dans le droit qu'accorde le fermier d'une pâture à une autre personne d'adjoindre aux bêtes qu'il y met lui-même, une ou plusieurs bêtes ; le fermier principal ne peut mettre ses bestiaux sans avoir prévenu l'autre afin qu'il puisse y amener les siens. La durée de cette concession s'étend le plus souvent du 1ᵉʳ mai au 31 octobre ; toutefois ces dates sont subordonnées aux années plus ou moins favorables.

Il est assez d'usage de louer le regain des prairies, pour faire pâturer et non faucher l'herbe qui repousse après la première coupe enlevée, jusqu'à la Toussaint au plus tard.

Mettre une vache au bien consiste dans la jouissance d'une vache que donne son propriétaire à une personne qui profite du lait, du veau et du fumier, sans fourniture aucune par le propriétaire qui reçoit un prix convenu. Cette jouissance est toujours accordée pour un an. Le locataire doit rendre la bête

dans l'état où il l'a reçue, c'est-à-dire pleine s'il l'a reçue telle.
— L'art. 1811 du Code civil porte : On ne peut stipuler que
le preneur supportera la perte totale du cheptel quoiqu'arrivée
par cas fortuit et sans sa faute.

Dans le canton d'AUDRUICQ, à Guemps, Offekerque, Oye,
Nouvelle-Eglise et Vieille-Eglise, l'usage est que le fermier
entrant, bien qu'il n'ait pas la jouissance immédiate de la portion de terre ensemencée en grains d'hiver par le fermier sortant, et qui compose la tierce-sole, n'en paie pas moins la totalité des fermages et contributions du premier terme du se-
mestre de son bail échéant à la Saint-Jean, sauf à lui lorsqu'il
sortira d'enlever la récolte de la même tierce-sole sans payer
aucune portion du premier terme du bail suivant.

Dans le canton de FAUQUEMBERGUES, les terres sont assolées.
Les baux sont sensés faits pour trois, six ou neuf années, qu'il
y ait ou non ferme ou maison.

Louage des domestiques.

ART. 1780. — *On ne peut engager ses services qu'à temps
et pour une entreprise déterminée.*

ART. 1718. — *Le maître est cru sur son affirmation pour
la quotité des gages, pour le paiement du salaire de l'année échue et pour les à-comptes donnés pour l'année courante.*

Dans la ville et les faubourgs de SAINT-OMER, le louage des
domestiques est censé fait au mois. Il prend fin par un simple
avertissement donné quinze jours à l'avance. Le louage des
domestiques de ferme est censé fait pour six mois. Les époques
d'entrée et de sortie sont la Chandeleur (2 février) et la Saint-
Jacques (25 juillet). Quand une des parties veut mettre fin au
louage, elle doit prévenir l'autre un mois avant l'une de ces
deux époques.

A AIRE, les domestiques et les maîtres doivent se prévenir
quinze jours avant le départ.

Dans le canton de LUMBRES, l'usage fixe pour l'entrée des
domestiques deux termes : la Chandeleur et la Saint-Jacques.
Le louage commencé entre ces deux époques cesserait néanmoins alors quoique l'année ne fut pas expirée. Quand la durée
du service n'est pas fixée d'avance, on doit se prévenir un mois
avant le 2 février ou le 25 juillet pour le louage à l'année, et
quinze jours avant le terme de la sortie pour les autres engagements.

Dans le canton d'ARDRES, l'engagement de service par les
ouvriers, alors qu'ils ne travaillent pas à la journée, est toujours censé fait au mois et l'ouvrier comme le patron doivent

se prévenir huit jours à l'avance pour faire cesser cette location de service quelque soit le corps de métier : boulangers, maçons, charpentiers, etc.....

Tout domestique, homme ou femme pour la ville, tout domestique femme pour la campagne, est censé avoir engagé ses services pour un mois ; un avertissement préalable de huit jours peut faire cesser le louage. Tout domestique mâle, à la campagne, est censé loué à l'année. Ce louage commence et finit de droit le 1ᵉʳ février de chaque année.

Quand un costume de deuil est donné à un domestique, il n'est qu'un prêt si le domestique vient à quitter avant la cessation du deuil ; il devient la propriété du domestique qui termine le deuil dans la maison.

Plusieurs jours de louage sont usités pour les ouvriers destinés à faire la moisson. Dans telles communes, le moissonneur est *au gain*. Il profite, tantôt de la quatorzième botte, tantôt de la quinzième, et quelquefois de la dix-huitième. Indépendamment de la moisson, l'ouvrier doit quatre jours de corvée au maître qui l'emploie ; il est obligé d'échardonner les grains.

Dans d'autres communes, l'ouvrier est loué pour faire la récolte ; cette location commence le 1ᵉʳ août et finit avec septembre.

Enfin, dans d'autres communes, l'ouvrier est engagé *depuis la première gerbe jusqu'à la dernière.* Cet engagement comporte l'obligation par l'ouvrier de couper les produits de la terre, à l'exception de la première coupe des trèfles et des foins blancs. L'ouvrier est astreint à l'échardonnage ; son profit consiste tantôt dans la quatorzième botte, tantôt dans la quinzième et même seulement dans la dix-huitième.

Dans le canton D'AUDRUICQ, les engagements de domestiques se contractent au mois, et l'usage est que le domestique soit congédié ou le maître averti par lui quinze jours à l'avance. Il existe cependant une exception pour les bergers dont les engagements se font à l'année ; l'année commence à la Saint-Martin, et ces domestiques doivent être congédiés ou le maître averti par eux six mois à l'avance.

Dans le canton de FAUQUEMBERGUES, le louage des domestiques est censé fait à l'année. Les époques d'entrée et de sortie sont la Chandeleur et la Saint-Jacques.

Des marchés.

ART. 1792. — *Si l'édifice construit à prix fait périt en tout ou en partie par le vice de la construction, même par le vice du sol, les architecte et entrepreneur en sont responsables pendant dix ans.*

ART. 1794. — *Le maître peut résilier par sa seule volonté le marché à forfait quoique l'ouvrage soit déjà commencé, en dédommageant l'entrepreneur de toutes ses dépenses, de tous ses travaux et de tout ce qu'il aurait pu gagner dans cette entreprise.*

ART. 1799. — *Les maçons, charpentiers, serruriers et autres ouvriers qui font directement des marchés à prix fait, sont astreints aux règles prescrites dans la présente section : ils sont entrepreneurs dans la partie qu'ils traitent.*

Hypothèques.

ART. 2154. — *Les inscriptions conservent l'hypothèque et le privilége pendant dix années à compter du jour de leur date; leur effet cesse si ces inscriptions n'ont été renouvelées à l'expiration de ce délai.*

Législation rurale.

Un décret des 28 septembre et 6 octobre 1791, qualifié de Code rural, contient des règlements concernant la propriété rurale, les troupeaux, les récoltes, les gardes-champêtres et la police rurale. Nous en extrayons les articles suivants :

SECT. IV. — 1. — *Tout propriétaire est libre d'avoir chez lui telle quantité et telle espèce de troupeaux qu'il croit utiles à la culture, à l'exploitation de ses terres, etc......*

La loi du 4 août 1789 porte : ART. 2. — *Le droit exclusif des fuies et colombiers est aboli; les pigeons seront enfermés aux époques fixées par les communautés (administrations communales), et durant ce temps ils seront regardés comme gibier et chacun aura le droit de les tuer sur son terrain.*

Le droit de les tuer est lui-même réglementé par les lois sur la chasse.

Le propriétaire d'un essaim d'abeilles a le droit de le réclamer et de s'en ressaisir tant qu'il n'a pas cessé de le suivre; autrement l'essaim appartient au propriétaire du terrain sur lequel il s'est fixé.

A cet effet, le propriétaire de l'essaim a le droit de suite sur la propriété même close d'autrui, pourvu qu'il avertisse.

Si l'essaim s'abat sur une ruche inhabitée d'un voisin, son propriétaire peut s'en ressaisir, même avec la ruche, moyennant payer la valeur de cette ruche. — Si la ruche était habitée, il ne peut se ressaisir de son essaim que s'il y parvient sans renverser la ruche.

Le propriétaire d'un héritage sur lequel les volailles d'un voisin viennent commettre des dégâts, peut non seulement le faire déclarer en contravention, mais encore tuer les volailles sur le lieu et au moment du dégât ; seulement il ne doit pas les emporter, sous peine de commettre une soustraction frauduleuse.

SECT. IV. — 2 — *La servitude réciproque de paroisse à paroisse connue sous le nom de parcours et qui entraîne avec elle le droit de vaine pature continuera provisoirement d'avoir lieu avec les restrictions déterminées à la présente section, lorsque cette servitude sera fondée sur un titre ou sur une possession autorisée par les lois et les coutumes : à tous autres égards elle est abolie.*

— 3. — Le droit de vaine pature dans une paroisse, accompagné ou non de la servitude du parcours ne pourra exister que dans les lieux où il est fondé sur un titre particulier, ou autorisé par la loi ou par un usage local immémorial... etc....

— 5. — Le droit de parcours et le droit de vaine pature ne pourront en aucun cas empêcher les propriétaires de clore leurs héritages ; et tout le temps qu'un héritage sera clos de la manière qui sera déterminée par l'article suivant il ne pourra être assujetti ni à l'un ni à l'autre droit ci-dessus.

— 6. — L'héritage sera réputé clos lorsqu'il sera entouré d'un mur de 4 pieds de hauteur avec barrière ou porte, ou lorsqu'il sera exactement fermé et entouré de palissades ou de treillages, ou d'une haie vive, ou d'une haie sèche faite avec des pieux ou cordelée avec des branches, ou de toute autre manière de faire les haies en usage dans chaque localité ; ou enfin d'un fossé de 4 pieds de large au moins à l'ouverture et de 2 pieds de profondeur.

— 14. — Néanmoins tout chef de famille domicilié qui ne sera ni propriétaire, ni fermier d'aucun des terrains sujets au parcours ni à la vaine pature et le propriétaire ou fermier à qui la modicité de son exploitation n'assurerait pas l'avantage qui va être déterminé, pourront mettre sur lesdits terrains soit par troupeau séparé, soit en troupeau en commun, jusqu'au nombre de six bêtes à laine et d'une vache avec son veau, sans préjudicier aux droits desdites personnes sur les terres communales s'il y en a dans la paroisse et sans entendre rien innover aux lois, coutumes ou usages locaux et de temps immémorial qui leur accorderait un plus grand avantage.

Dans aucun canton de l'arrondissement de Saint-Omer, le droit de parcours n'est reconnu ni pratiqué.

La vaine pature, consiste dans le droit que les habitants d'une commune ont de laisser paître leurs troupeaux sur les héritages les uns des autres lorsqu'ils ne portent ni semence, ni fruits.

Elle est reconnue par l'usage dans les deux cantons de Saint-Omer, sauf dans la commune de Clairmarais ; Elle est également en usage dans le canton de Lumbres : Elle est admise dans le canton d'Ardres, si toutefois il n'y a pas troupeau commun : Chacun peut mener tel nombre de bétail qu'il entend; rien n'est réglé à ce sujet. Elle n'est admise que sur les terres en chaume et en jachère, le long des chemins et non autre part.

Dans le canton de Fauquembergues, diverses communes ont des règlements particuliers concernant la vaine pature ; d'autres ne connaissent pas cet usage. La commune de Renty laisse paître gratuitement dans les prés tous les animaux depuis le 18 octobre jusqu'au 24 avril.

Sect. V — 3. — *Nulle autorité ne pourra suspendre ou intervertir les travaux de la campagne dans les opérations de la semence et des récoltes.*

Titre deuxième. — 21. — *Les glaneurs, les rateleurs et les grapilleurs, dans les lieux ou les usages de glaner, de rateler ou de grapiller sont reçus, n'entreront dans les champs, prés et vignes, récoltes et ouverts qu'après l'enlèvement entier des fruits. En cas de contravention les produits du glanage, du ratelage et grapillage seront confisqués et suivant les circonstances, il pourra y avoir lieu à la détention de la police municipale. Le glanage, le ratelage et le grapillage sont interdits dans tout enclos rural tel qu'il est défini a l'art. 6 de la quatrième section du présent décret.*

Les maires doivent désigner chaque année les indigents de la commune qui seuls ont le droit de glaner.

Dans le canton nord de Saint-Omer, le glanage est toléré immédiatement après la mise en dizeaux : Aussi longtemps que le champ est à l'état d'éteulière, que le chaume n'en a pas été retourné et enfoui, les pauvres de la commune sont libres d'y aller rateler, d'y ramasser tout ce que le cultivateur n'a pas jugé à propos de prendre lui-même lors de la moisson, tels que les éteules ou éteulets (chaume des céréales et des fèves) et la trainasse ou renouée vulgairement appelée trame.

Dans le canton sud, le glanage dans les dizeaux est d'un usage moins fréquent ; mais dans le cas où il n'est pas toléré le cultivateur suivant l'opinion généralement admise ne peut mettre la charrue dans son champ, que trois jours après l'enlèvement de la dernière gerbe, le champ pendant ces trois jours devant être abandonné aux pauvres.

Dans les autres cantons, le glanage est partout reconnu comme un droit du pauvre : Son application est soumise à des restrictions administratives, telles que de ne glaner que pendant les heures déterminées et annoncées par la cloche, sous la direction et la surveillance du garde-champêtre.

— 22. — *Dans les lieux de parcours ou de vaine pature comme dans ceux où ces usages ne sont point établis, les pâtres et les bergers ne pourront mener les troupeaux d'aucune espèce dans les champs moissonnés et ouverts que deux jours après la récolte entière, sous peine d'une amende de la valeur d'une journée de travail......*

— 27. — *Celui qui entrera à cheval dans les champs ense-*
méncés, si ce n'est le propriétaire ou ses agents, paiera le
dommage et une amende de la valeur d'une journée de tra-
vail: L'amende sera double si le délinquant y est entré en
voiture. Si les blés sont en tuyeaux et que quelqu'un y entre,
même à pied, ainsi que dans toute autre récolte pendante,
l'amende sera au moins de la valeur d'une journée de
travail.....

IMPRIMERIE & LITHOGRAPHIE

DE

L'INDÉPENDANT DU PAS-DE-CALAIS

RUE DES TRIBUNAUX, 4, A SAINT-OMER

H. D'HOMONT, IMPRIMEUR

Affiches pour notaires, avoués, huissiers, formules diverses. — Impressions variées pour enveloppes. — Chemises imprimées. — Têtes de lettres. — Certificats de vie, etc. — Avertissements. — Lettres de recouvrements. — Reçus, etc.

Factures. — Circulaires. — Avis. — Cartes d'adresse. — Catalogues. — Etiquettes en tous genres. — Déclaration d'expédition pour le chemin de fer. — Quittances. — Registres à souche, etc.

Billets de mort. — Lettres de faire-part, imprimées en une heure.

CARTES DE VISITE EN TOUS GENRES

IMPRESSIONS POUR LES FABRIQUES DE SUCRE, MANUFACTURES, USINES. — IMPRIMÉS POUR LES BRASSERIES. — DÉCLARATIONS DE MISES DE FEU. — BILLETS DE CIRCULATION DE BOISSONS.

Impressions de Journaux, de Revues, Ouvrages quelconques, Prospectus, Prix-courants Bulletins.

ENTREPRISE DE LABEURS

L'INDÉPENDANT

DU PAS-DE-CALAIS

JOURNAL POLITIQUE, LITTÉRAIRE, COMMERCIAL & INDUSTRIEL

Paraissant tous les jours, le Dimanche excepté.

4, RUE DES TRIBUNAUX, 4

SAINT-OMER

ANNONCES JUDICIAIRES ET COMMERCIALES

PRIX DE L'ABONNEMENT

	UN AN	SIX MOIS	TROIS MOIS
Saint-Omer	20 fr.	10 fr.	5 fr.
Pas-de-Calais, Nord et Somme	25	12 50	6 50
Autres départements	35	17 50	9

L'étranger le port en sus.

LES ANNONCES SONT REÇUES

A Saint-Omer, rue des Tribunaux, 4. — A Paris, chez M. HAVAS, rue Notre-Dame-des-Victoires, 34, et chez MM. HAVAS, LAFFITE et Cⁱᵉ, Place de la Bourse, 8, seulement.

PRIX : Réclames, la ligne, 25 cent. — Annonces, 20 cent. Une réduction de 25 p. 0/0 sur les annonces est faite aux abonnés du journal.

En vertu de la loi du 7 avril 1879 les abonnements sont reçus dans *tous les bureaux de poste.*

Toute personne désirant s'abonner au journal l'*Indépendant* n'aura qu'à verser au bureau de poste desservant la localité qu'elle habite le montant de l'abonnement.

www.ingramcontent.com/pod-product-compliance
Lightning Source LLC
Chambersburg PA
CBHW070714210326
41520CB00016B/4344